INVENTAIRE
V22698
218

PUBLICATION DE LA RÉUNION DES OFFICIERS

ÉTUDE SUR L'ORGANISATION

DU

RÉGIMENT D'INFANTERIE

PAR

M. J. MOCH

Chef de bataillon au 64ᵉ de ligne.

Extrait du Journal des Sciences militaires.

(Août 1874.)

PARIS

IMPRIMERIE ET LIBRAIRIE MILITAIRES

J. DUMAINE

30, RUE ET PASSAGE DAUPHINE, 30

1874

PUBLICATION DE LA RÉUNION DES OFFICIERS.

ÉTUDE SUR L'ORGANISATION

DU

RÉGIMENT D'INFANTERIE

PAR

M. J. MOCH

Chef de bataillon au 64e de ligne.

Extrait du Journal des Sciences militaires.

(Août 1874.)

PARIS

IMPRIMERIE ET LIBRAIRIE MILITAIRES

J. DUMAINE

30, RUE ET PASSAGE DAUPHINE, 30

1874

Paris. — Imprimerie de J. Dumaine, rue Christine, 2.

ÉTUDE SUR L'ORGANISATION

DU

RÉGIMENT D'INFANTERIE[1].

Malgré le rôle prépondérant joué dans la guerre de 1870-1871 par l'artillerie allemande, malgré le renom que s'est conquis le canon dans l'opinion publique, l'infanterie, pour qui saura la manier, sera toujours la reine des batailles.

Le canon, en rase campagne, agit bien plus par son effet moral que par son effet destructeur. Qui n'a vu sur un champ de bataille, des centaines d'obus éclater inoffensifs autour d'un bataillon habilement défilé? Il suffit alors d'un chef qui sache maintenir le moral de ses hommes, chercher d'un œil calme une position plus abritée, quand le tir rectifié de l'artillerie ennemie vient l'obliger à changer de place; il suffit d'un chef exercé à tirer rapidement le meilleur parti des mouvements du terrain, pour faire avancer sa troupe sans l'exposer à un feu meurtrier, et la lancer, au moment opportun, sur la batterie ennemie impuissante à se défendre elle-même, et sur son soutien toujours trop faible pour résister victorieusement au choc d'une colonne assaillante.

L'artillerie peut faire taire le canon de l'adversaire, battre un village ou une position point d'appui; elle prépare l'action, mais l'infanterie bien conduite la consomme.

Le rôle que la cavalerie est appelée à remplir dans l'avenir a été tracé par la manière dont les Allemands ont su l'utiliser dans la dernière guerre. Employée en grandes masses à couvrir, à dissimuler les manœuvres de l'armée, à donner le change sur quelque mouvement stratégique, ou bien audacieusement lancée en avant par petits paquets et à de grandes distances pour reconnaître la marche de l'ennemi, assurer la sécurité des colonnes, répandre la terreur dans les villes et les villages sans défense, couper les voies

1 Cette étude a été l'objet d'un entretien fait par son auteur à la Réunion des officiers (Travail communiqué par les bureaux de la Réunion des officiers).

ferrées et les lignes télégraphiques, faire les réquisitions de toute sorte, ou encore se faire écraser héroïquement comme à Reischofen, pour donner au reste de l'armée le temps de gagner une ligne de retraite, ou bien, enfin, achever l'ennemi ébranlé par l'artillerie et par l'infanterie.

Certes la cavalerie a une part belle et glorieuse dans l'ensemble des opérations; mais l'infanterie attaque et défend les positions; elle combat dans les bois et dans les villages, dans la plaine et dans les ravins; elle enlève les défilés et les défend; elle ne connaît point d'obstacles, elle traverse les rivières, elle gagne une position décisive par des marches forcées, elle monte à l'assaut, elle porte sa tente, ses vêtements, ses armes, ses cartouches et ses vivres; elle brave les intempéries et les privations.

Ne craignons pas de froisser sa modestie, à tort ou à raison, trop respectée en France jusqu'à ce jour; faisons des vœux pour que ses services obtiennent une part de la considération si largement dispensée dans l'opinion publique aux autres armes; mais aussi ne craignons pas de lui dire toutes ses vérités et de tracer le tableau des efforts, des connaissances spéciales, de l'abnégation et des vertus militaires qui lui sont demandés.

I. — Du recrutement de l'infanterie.

Le premier effet d'une loi prescrivant le service obligatoire personnel doit être de modifier essentiellement le recrutement, par conséquent la composition de l'infanterie.

Sous le régime de la loi du 21 mars 1832, l'armée ne se composait, pour ainsi dire, que de remplaçants et d'hommes qui n'avaient pas les moyens de se faire remplacer; les engagés volontaires suffisaient à peine pour peupler les cadres. Les remplaçants et les déshérités qui ne pouvaient se faire remplacer étaient ou des paysans ou des ouvriers; parmi les plus intelligents, les plus vigoureux, les plus agiles se recrutaient l'artillerie, le génie, la cavalerie, le train et les chasseurs à pied; les chétifs et les malingres étaient de droit versés dans l'infanterie.

Ce système de recrutement donnait à la reine des batailles une constitution quelque peu frêle, et, cependant, par une contradiction si fréquente dans les institutions humaines et si récalcitrante aux leçons de l'expérience, on n'a jamais craint de demander à ce pauvre fantassin une dépense de travail souvent bien supérieure à ses moyens, soit qu'il s'agît de faire des marches forcées ou de porter une charge excessive, soit qu'il dût subir des privations de nourriture ou de sommeil excédant la limite des forces humaines.

Lors de la discussion de la loi du 1er février 1868, un député proposa un amendement qui fît descendre la taille de rigueur à 1^m,54. Le Corps législatif vota l'amendement, et il fit bien ; mais il est peu probable que jamais commandant de recrutement se soit avisé d'attribuer les hommes de la taille de 1^m,54 à une autre arme qu'à l'infanterie. L'idée de faire entrer, par exemple, dans la cavalerie légère un homme petit de taille et mieux fait pour manier un cheval de chasseur ou de hussard que pour porter le sac, eût été considérée comme subversive de toute bonne organisation militaire.

Cependant les armes privilégiées ne parvinrent pas à absorber tous les hommes vigoureux et bien bâtis du contingent ; un certain nombre arrivaient encore à l'infanterie ; mais ce ne fut, hélas ! que pour y apprendre le métier, devenir des soldats disciplinés, et passer ensuite dans la garde impériale, les sapeurs-pompiers ou la gendarmerie. Il n'en sera plus de même à l'avenir.

Si la loi du 27 juillet 1872 ne répond pas complétement à ce que l'armée attendait d'elle, elle n'en a pas moins un mérite incontestable : elle édicte le service obligatoire personnel. Les restrictions dont elle a entouré le principe tomberont nécessairement dès qu'elle aura pénétré dans les mœurs de la nation, et que nos gouvernants n'hésiteront pas à demander au pays tous les sacrifices et toutes les vertus nécessaires à sa rédemption.

En attendant, la nouvelle loi de recrutement versant dans l'armée le contingent complet permettra, chaque année, de répartir dans les différentes armes, au prorata de leur importance numérique, la génération tout entière, et l'on ne tardera pas à voir une plus grande somme de moralité, d'éducation, de patriotisme et d'intelligence élever le niveau moral et intellectuel de l'armée à la hauteur de son double rôle, qui est, à l'intérieur, d'assurer l'exécution des lois, et, au dehors, de maintenir la France à son rang de grande puissance dans le concert européen.

Le service obligatoire personnel peuplera la cavalerie et l'artillerie de jeunes gens qui déjà ont l'habitude du cheval et qui demanderont de préférence ces armes.

Le recrutement de l'infanterie pourra alors se faire dans de meilleures conditions ; celle-ci acquerra une moyenne de vigueur physique, d'intelligence et d'instruction, qui lui assurera une solidité à toute épreuve.

Mais, pour que la nouvelle loi atteigne son but, — l'instruction militaire complète du contingent tout entier, — il ne faudrait pas diviser le contingent en deux portions, dont l'une reste cinq ans, l'autre de six mois à un an, sous les drapeaux.

Le service actif devrait être réduit à trois ans et le contingent tout entier demeurer ce laps de temps sous les drapeaux ; le séjour dans la réserve durerait six ans.

Nous proposons pour l'article 36 de la loi du 27 juillet 1872 la rédaction suivante :

« Tout Français qui n'est pas déclaré impropre à tout service militaire fait partie :

« De l'armée active pendant trois ans ;

« De la réserve de l'armée active pendant six ans ;

« De l'armée territoriale pendant cinq ans ;

« De la réserve de l'armée territoriale pendant six ans.

« 1° L'armée active est composée, indépendamment des hommes qui ne se recrutent pas par les appels, de tous les jeunes gens déclarés propres à un des services de l'armée et compris dans les trois dernières classes appelées.

« 2° La réserve de l'armée active est composée de tous les hommes également déclarés propres à un des services de l'armée et compris dans les six dernières classes appelées immédiatement avant celles qui forment l'armée active ;

« 3° L'armée territoriale est composée de tous les hommes qui ont accompli le temps de service prescrit pour l'armée active et la réserve ;

« 4° La réserve de l'armée territoriale est composée des hommes qui ont accompli le temps de service pour cette armée.

« L'armée territoriale et la deuxième réserve sont formées par régions déterminées par un règlement d'administration publique ; elles comprennent pour chaque région les hommes ci-dessus désignés aux paragraphes 3 et 4, et qui sont domiciliés dans la région. »

L'adoption de cette modification dans la durée du service actif et de la réserve permettra de supprimer l'article 40, si funeste à la bonne et solide composition de l'armée et qui est ainsi conçu :

« Art. 40. Après une année de service des jeunes soldats dans les conditions indiquées en l'article précédent, ne sont plus maintenus sous les drapeaux que les hommes dont le chiffre est fixé chaque année par le ministre de la guerre. Ils sont pris par ordre de numéro sur la première partie de la liste du recrutement de chaque canton et dans la proportion déterminée par la décision du ministre ; cette décision est rendue aussitôt après que toutes les opérations du recrutement sont terminées. »

En effet, au lieu de garder une partie du contingent pendant cinq ans et le reste du même contingent pendant moins d'un an, on conserverait le contingent tout entier pendant trois ans, sans que l'effectif des trois classes sous les drapeaux et par conséquent les dépenses dépassassent l'effectif et les dépenses des cinq classes réparties en fractions qui restent les unes cinq ans, les autres moins d'un an.

Dans ces conditions nouvelles, l'instruction militaire pourrait être efficacement donnée à toute la jeunesse du pays, sans que le budget en fût plus chargé d'un écu.

Que se passera-t-il, au contraire, aujourd'hui ? L'homme doit rester cinq ans sous les drapeaux. Par des raisons budgétaires on lui accordera, en moyenne, deux congés de semestre et on le renverra en disponibilité généralement de six à neuf mois avant l'époque de son passage dans la réserve. Cet homme aura à peine trois ans et demi de présence effective sous les drapeaux ; toutes les fois qu'il reviendra de congé, il aura oublié une partie de ce qu'il a appris, et il rapportera rarement intact l'esprit de discipline et d'abnégation que ses chefs étaient parvenus à lui inculquer. Il y a donc là un travail de retouche à faire qui absorbera six mois au moins, et on peut dire que, sous le régime de cette loi, l'homme ne fera réellement que trois ans sur les cinq exigés par la loi. Et nous ne parlons que du soldat que son numéro de tirage désigne pour ces cinq ans ; son camarade, qui a amené un bon numéro, ne fera que six mois, neuf au plus ; que pourra-t-il apprendre dans ce peu de temps ? Je le demande aux hommes du métier.

Soyons donc logiques, et si nous voulons sérieusement retremper la nation dans le service obligatoire personnel, élever les générations tout entières dans le respect de la loi et de l'autorité, rendre notre pays puissant et respecté et reconquérir nos provinces perdues, appelons la classe entière sous les drapeaux pendant trois ans.

Ces trois ans devront être sérieusement employés, et ils suffiront pour faire un très-bon soldat. Sous aucun prétexte il ne sera accordé de congé de semestre. L'effectif de paix restera à peu près toujours le même ; l'instruction pourra être poussée également pendant toute l'année et on ne verra plus, dans la saison d'hiver, les compagnies fondre jusqu'à n'avoir plus qu'une dizaine de files sous les armes. L'esprit militaire ne subira plus d'atteinte dans la position de congé, l'homme entrera dans la réserve fortement trempé, et il rapportera au foyer paternel, avec la connaissance complète du métier des armes, l'esprit de soumission à la loi et de respect à l'autorité. Il demeurera six ans dans la réserve, il pourra s'y marier, à ses risques et périls ; mais, dans le cours de ces six ans, il sera appelé trois fois, pour les manœuvres d'automne, dans le régiment de sa région, avec lequel il est appelé à marcher à l'ennemi. La durée de ces manœuvres sera de six semaines environ. De cette façon, il n'aura pas le temps de se rouiller et il passera dans l'armée territoriale en soldat discipliné et instruit, en citoyen rompu au devoir.

D'après l'article 1er de la loi du 27 juillet 1872, tout Français doit le service militaire personnel; mais si la durée du service dans l'armée active venait à être fixée à trois ans pour le contingent tout entier, il y aurait lieu de faire subir au principe quelque tempérament qui permette de ménager des intérêts sociaux éminemment respectables.

Ce qui doit être absolu, inexorable dans la loi, c'est que tous les citoyens valides prennent indistinctement rang dans l'armée, y acquièrent une instruction militaire complète et soient tous en état de combattre efficacement.

Mais la loi doit admettre un accommodement avec la durée de la présence effective sous les drapeaux, selon que les jeunes gens, mieux préparés par des études antérieures, par une intelligence plus développée, sont plus aptes à acquérir rapidement leur instruction militaire et qu'ils se destinent à des professions ou des carrières utiles à l'État dont ils ne peuvent, sans inconvénient, être détournés trop longtemps.

La faculté du remplacement, qui n'était ouverte qu'aux bourses bien garnies, était immorale; elle permettait au riche d'envoyer le pauvre se faire tuer à sa place; elle était nuisible à la bonne constitution de l'armée, dont elle emcombrait les rangs de mercenaires inaccessibles aux sentiments élevés qui doivent remplir le cœur du soldat.

Le but de la nouvelle loi de recrutement est d'appeler sous les armes toutes les forces vives de la nation, toutes les intelligences, tous les dévouements. Le riche à côté du pauvre, l'artiste et le savant à côté de l'homme du monde, l'ouvrier à côté du contre-maître et du patron, le paysan à côté du propriétaire, tous doivent dans le régiment acquérir l'instruction militaire, et, vienne le jour du péril, payer la même dette au pays.

Mais comment faire passer un contingent tout entier par l'instruction, sans jeter la perturbation dans les intérêts vitaux de la société?

Il faut trois ans, avons-nous dit, pour former un très-bon soldat. Oui, quand il s'agit d'un homme de la campagne ou d'un illettré quelconque; mais pour le jeune homme qui a fait des études plus ou moins complètes, l'instruction militaire s'acquerra plus rapidement. Dans un an, celui-ci pourra faire un bon soldat, et, après avoir fourni les preuves de son instruction militaire, être renvoyé dans la réserve. De cette manière, tous ceux qui se destinent aux carrières libérales, à l'industrie, au commerce, pourront, après un an, retourner aux travaux de la carrière à laquelle ils se destinent.

L'institution du volontariat a traversé avec succès une première épreuve. Les chefs de corps, non guidés encore par un règlement spécial, dirigent l'instruction des engagés conditionnels avec une entière initiative, et ils n'ont qu'à se louer des excellents résultats déjà obtenus.

Mais ces résultats sont-ils suffisants? Nous ne le pensons pas. Le but que doit atteindre l'institution du volontariat est complexe : aux jeunes gens, elle doit offrir l'avantage de quitter les drapeaux au bout d'un an de séjour; mais, pour l'État, elle doit être, à l'heure de la mobilisation, une pépinière inépuisable d'excellents sous-officiers et de bons sous-lieutenants. Or, le degré d'instruction exigé aujourd'hui des candidats non bacheliers est insuffisant pour faire de la plupart des engagés conditionnels autre chose que de bons soldats, disciplinés et dévoués, mais non des gradés intelligents et instruits. Il faut donc que les examens d'admission deviennent plus sévères, et que l'on ne se contente pas, comme pour un grand nombre des cas actuels, d'une instruction primaire à peine ébauchée.

Il ne faut pas que le volontariat soit une porte honteuse ouverte au remplacement. Les conditions à exiger des engagés conditionnels doivent être une instruction générale dûment constatée par des examens publics ou par la présentation de diplômes équivalents, et les ressources nécessaires à leur habillement et à leur entretien pendant leur année de service.

Ainsi comprise, l'institution du volontariat n'a rien qui heurte les principes démocratiques du pays. En effet, l'instruction militaire d'une armée qui procède du service obligatoire personnel, doit être conduite en raison de l'intelligence et des connaissances déjà acquises des jeunes soldats avant leur incorporation; car le but est de préparer la jeunesse à faire la guerre. Mais le principe de l'égalité de tous devant la loi reprend impérieusement tous ses droits, quand l'heure du danger sonne pour la patrie. A ce moment, tous ses enfants doivent accourir, les distinctions sociales disparaître, et tous, coude à coude, partager les mêmes travaux, les mêmes misères et verser leur sang sur les mêmes champs de bataille.

Nous demandons trois ans de présence effective sous les drapeaux pour les hommes dont l'instruction générale est insuffisante pour qu'ils puissent acquérir dans une année leur instruction militaire. Mais dans cette grande catégorie de jeunes gens, déshérités au point de vue de l'instruction, il y a à distinguer des intelligences, des aptitudes et des bonnes volontés dignes de récompense. Le seul but de la présence sous les drapeaux étant l'éducation militaire, l'homme qui l'aura acquise plus vite pourra être renvoyé dans la réserve. De cette manière, beaucoup de jeunes gens pourront regagner leurs foyers dans le cours de la troisième année. Le Trésor et les familles y gagneront également. Au moyen de ces renvois anticipés, il sera possible de faire des économies, qui permettront de défrayer en grande partie, si ce n'est en totalité, les dépenses occasionnées par le rappel périodique d'une classe de la réserve, pour les six semaines de manœuvres d'automne, et on aura un moyen puissant de récompenser le zèle des bons sujets.

II. — De l'organisation du régiment d'infanterie.

Après cette incursion dans le domaine de la loi du 27 juillet 1872, recherchons comment, dans les conditions de recrutement modifiées, *les régiments d'infanterie devront être constitués, pour qu'en temps de paix leurs cadres ne soient pas exagérés pour les seuls besoins de l'instruction des contingents, et qu'en temps de guerre ils puissent encadrer un effectif réel de 700,000 à 800,000 combattants, sans sortir des limites d'un budget de paix supportable.*

Avant d'entrer dans cette discussion, qu'il nous soit permis d'affirmer que la meilleure organisation sera celle qui, prenant pour point de départ notre ancienne organisation, se contentera de la mettre à la hauteur des exigences de la science moderne, modifiée par l'introduction des armes à tir rapide, le perfectionnement de l'artillerie, des moyens de locomotion et de transmission, ainsi que par la nécessité de mouvoir, nourrir et amener sur le terrain du choc des masses beaucoup plus considérables. Les principes de l'art militaire sont restés les mêmes; le changement de l'outillage seul entraîne des changements dans beaucoup de détails d'exécution, réclame de l'officier, à tous les degrés de la hiérarchie, une connaissance plus profonde du métier, un dévouement plus grand, une intelligence plus pratique; il y a donc à modifier notre organisation, mais non à édifier un système nouveau. Notre ancienne organisation a, Dieu merci, fait ses preuves, et si nos annales ont eu à enregistrer les désastres de la dernière guerre, elles contiennent aussi le récit de nos victoires, dont l'étude approfondie a fourni à nos ennemis les meilleurs éléments de leurs règlements et de leurs ouvrages didactiques. Mais, mieux avisés que nous, ils ont su modifier leurs institutions à mesure que leur armement se transformait et que leurs lignes de chemins de fer se construisaient, et nous sommes restés stationnaires; plus d'un demi-siècle avant nous, après des désastres plus profonds encore que les nôtres, ils ont eu le patriotique courage de faire passer la nation tout entière par la discipline de la caserne. Nous possédons maintenant les leçons du malheur et le service obligatoire personnel, deux puissants leviers, mais sachons nous en servir. Faisons des vœux pour que notre organisation militaire soit conforme à notre esprit national, à nos vieilles et glorieuses traditions, et n'imitons de l'étranger, en y consacrant toutefois moins de temps, que la persistance dans les travaux et dans les efforts, avec laquelle il a su, en partant d'Iéna, aboutir au traité de Francfort.

Nous prendrons pour point de départ de notre organisation régimentaire l'ancien régiment à 24 compagnies, et nous rechercherons comment ce régiment devra être constitué, pour qu'il soit possible de mettre en ligne tous les hommes âgés de 20 à 29 ans, dévolus à l'infanterie, sans nous exposer au danger si funeste de la création de cadres, pour ainsi dire, sous le feu de l'ennemi, sans qu'il y ait un seul jour de perdu, et sans que le budget de paix dépasse les ressources du pays.

Cette organisation consiste, selon nous, *à fractionner le régiment en 6 bataillons à 4 compagnies, et à conserver la compagnie hors rang.*

Avant d'entrer dans le détail de cette organisation, qu'il nous soit permis de nous arrêter un instant sur la formation du bataillon à 4 compagnies, qui paraît diviser les meilleurs esprits, soit que les uns, trop peu confiants dans l'habileté, l'énergie et l'instruction des commandants de compagnie et de bataillon, craignent de leur demander un effort plus grand que par le passé ; soit que les autres, plus exigeants, plus confiants, n'hésitent pas de demander à ces officiers, convenablement secondés par un nombre rationnel de sous-ordres, un maximum de travail, de dévouement, et, disons le mot, de patriotisme.

Il en est des fortes compagnies comme des grosses armées ; ce n'est qu'une question d'éducation. Turenne serait donc incapable de manier les armées modernes, lui qui prétendait n'être taillé que pour conduire 30,000 hommes au plus à l'ennemi ?

Sans rappeler l'exemple des puissances étrangères, qui ont résolûment adopté cette formation, sans nous appuyer sur l'avis des tacticiens modernes, qui la consacrent dans leurs écrits, nous étudierons le fonctionnement de la compagnie de 200 hommes et du bataillon de 800 hommes dans le cours de notre discussion, à mesure que nous passerons en revue les attributions de chaque grade.

Sur le pied de paix, la compagnie aura un effectif calculé d'après la répartition du contingent annuel, et qui sera, en moyenne, de 65 à 70 hommes. Sur le pied de guerre, elle comptera de 200 à 250 hommes, selon l'époque à laquelle aura lieu cette guerre, c'est-à-dire selon le nombre de classes qui auront, à ce moment, passé tout entières par l'instruction ; et, quelles que soient les épreuves de la campagne, l'effectif de la compagnie devra pouvoir être maintenu au même chiffre qu'au départ, au moyen des troupes de ravitaillement instruites dans les dépôts, et, à mesure des besoins, dirigées sur les bataillons actifs.

Nous verrons plus loin comment les capitaines n'ayant, en temps normal, qu'un effectif de 65 à 70 hommes, apprennent à manier leur effectif de guerre.

Mais si la compagnie de 250 hommes et le bataillon de 1000 hommes constituent des masses bien proportionnées et faciles dans la main de leurs chefs respectifs, il n'en est plus de même pour le régiment, qui, avec 6 bataillons de 1,000 hommes, arrive à un effectif de 6,000 hommes.

Un régiment de 6,000 hommes est trop lourd à manier et donne une division de 25,000 hommes d'infanterie, ce qui n'est pas admissible.

Aussi proposons-nous, au jour de la mobilisation, le *dédoublement* du régiment.

Nous le répétons, le but c'est de constituer, d'organiser une armée *dont les cadres, en temps de paix, permettent d'instruire toute la jeunesse de France, et soient suffisamment élastiques pour encadrer* 700,000 *à* 800,000 *fantassins*, sans demander au budget de paix une charge plus lourde qu'aujourd'hui, et surtout sans compromettre les destinées du pays par des créations improvisées de cadres nouveaux dans le cours de la campagne.

Avec le système du dédoublement que nous allons développer, la France pourra simultanément ou successivement mettre en ligne 75 divisions d'infanterie, *sans avoir à créer, pendant toute la durée de la guerre, un emploi de caporal.*

Nous supposons le pays divisé en régions territoriales, dont chacune est le siége d'un corps d'armée à 2 divisions d'infanterie.

La guerre est déclarée. Le ministre télégraphie aux généraux commandant les corps d'armée l'ordre de mobiliser. Les hommes de réserve de la région territoriale du corps d'armée sont aussitôt appelés, et rallient leurs régiments aussi rapidement que le leur permet la distance à parcourir.

Les premiers arrivés, c'est-à-dire ceux qui habitent le plus près du lieu de garnison du régiment sur le contrôle duquel ils sont inscrits, sont versés dans les trois premiers bataillons, jusqu'à concurrence du complet de l'effectif de guerre, et sont habillés, équipés et armés dans les vingt-quatre heures qui suivent leur arrivée. Les hommes les plus éloignés sont versés dans les 4e et 5e bataillons.

Dès que les trois premiers bataillons ont reçu leur effectif de guerre, le colonel les emmène au lieu de concentration de la brigade, de la division, du corps d'armée.

Le corps d'armée est donc constitué et prêt à marcher à la frontière avec 3 bataillons, c'est-à-dire 3,000 hommes par régiment, en moins de quatre jours après celui où l'ordre de mobilisation aura été télégraphié par le ministre de la guerre.

Les premières armées, composées avec ces corps d'armée à trois bataillons par régiment, porteront à la frontière 400 à 450,000 fantassins.

Le lieutenant-colonel reste en arrière pour constituer les 4e et 5e bataillons en un régiment *bis*, composé de deux bataillons seulement.

L'effectif de chacun de ces bataillons est également porté à 1,000 hommes, à mesure que les réservistes plus éloignés rejoignent le régiment. Avec ces régiments *bis*, commandés par les lieutenants-colonels, il est constitué de nouvelles brigades, de nouvelles divisions, de nouveaux corps d'armée.

Les états-majors auront été désignés d'avance, pendant la période de paix. Il manquera probablement un certain nombre de généraux; ce seront des promotions à faire. Après la conclusion de la paix, le cadre de l'état-major général rentrera peu à peu dans ses limites normales.

Avec ces nouveaux corps d'armée, qui pourront être constitués sans la moindre précipitation, car les premières armées couvrent la frontière ou déjà l'ont franchie, le ministre formera de nouvelles armées, qui renfermeront 300,000 hommes d'infanterie remplissant les mêmes conditions d'instruction et de solidité que leurs camarades des premières armées.

Ces nouvelles armées pourront, selon les nécessités stratégiques, recevoir des destinations complétement indépendantes des premières, servir d'armées de réserve, ou bien être dirigées sur le théâtre des opérations déjà engagées.

Le 6e bataillon devient bataillon de dépôt. Il a versé tous ses hommes présents, au moment de la mobilisation, dans les trois premiers bataillons; il ne conserve que ses cadres, car il est appelé à recevoir les malingres, les dispensés de toutes les classes antérieures et les recrues de nouvelle levée, pour les instruire rapidement et en faire des troupes de ravitaillement pour les cinq bataillons actifs.

Le tiercement des six bataillons se fera tous les trois ans; celui des chefs de bataillon, au moment des promotions, comme par le passé.

Il ne sera pas difficile d'introduire ce même système de dédoublement dans les bataillons de chasseurs, dans l'artillerie, le génie et la cavalerie; mais cette étude sort de notre cadre. Le matériel devra naturellement être tenu au complet dans les régions territoriales pour les premières comme pour les secondes armées.

Dans ces conditions d'organisation, notre état militaire sera puissant réellement et non sur le papier, et en dehors des armées qui seront en présence de l'ennemi ou en réserve, nous aurons encore les cadres de 150 bataillons de dépôt d'infanterie, ceux des dépôts des autres armes, qui travailleront à former les troupes de remplacement et qui, en cas de désastres, ce qu'à Dieu ne plaise ! seront pour la patrie, avec l'armée territoriale, la suprême ressource de la dernière heure.

Mais quelle est donc la puissance, quelle est la coalition possible, dont ne pourra triompher la France retrempée dans le service obligatoire personnel, s'appuyant sur ses armées actives et territoriales ?

L'effectif de guerre de la compagnie demande un cadre plus nombreux que l'effectif de paix ; à cette condition seulement, la compagnie de 200 à 250 hommes, le bataillon de 800 à 1,000 hommes, peuvent être maniés facilement, en route et sur le champ de bataille, par leurs commandants respectifs.

Le capitaine sera secondé par un lieutenant et deux sous-lieutenants, dont le second, engagé conditionnel d'un an, breveté officier, ne sera à la charge du budget et ne paraîtra qu'aux manœuvres d'automne et le jour de la mobilisation. Le cadre comportera, en outre, un sergent-major, dont nous verrons plus loin les fonctions, deux sous-officiers comptables, c'est-à-dire un fourrier et un caporal-fourrier, six sergents et douze caporaux ; deux de ces sergents et quatre caporaux, anciens gradés passés dans la réserve ou provenant des engagés conditionnels brevetés sous-officiers ou caporaux, ne figureront sur les contrôles de la solde, comme le second sous-lieutenant, qu'aux manœuvres d'automne et en cas de mobilisation.

L'escouade, la plus petite fraction commandée, comptera vingt hommes en temps de guerre. « C'est beaucoup trop, disent les adversaires du bataillon à quatre compagnies ; un caporal ne saurait diriger vingt hommes déployés en tirailleurs, son autorité est trop faible, son instruction militaire insuffisante, etc., etc. »

Après les désastres que nous avons éprouvés, nous n'avons pas le droit de laisser debout de pareils arguments. Si jusqu'à présent l'autorité du caporal sur ses hommes a été trop faible, la faute en est à nous, officiers, qui ne nous sommes pas donné la peine de soutenir, de fortifier cette autorité, de relever ce modeste gradé dans sa propre estime, de lui inculquer la confiance nécessaire dans son commandement si pénible à exercer, de faire l'éducation de nos soldats en vue d'une obéissance aussi absolue aux ordres du caporal qu'à ceux du sous-officier ; si son instruction militaire d'aujourd'hui est insuffisante pour diriger une vingtaine de tirailleurs devant l'ennemi, à nous encore de la compléter à la caserne et sur le champ de manœuvre ; cette tâche ne nous sera pas lourde, car le service obligatoire personnel va mettre à notre disposition un plus grand nombre de jeunes gens intelligents et instruits qui ne tarderont pas à faire de bons caporaux, capables de commander de fortes escouades.

D'ailleurs, le caporal devra être secondé lui-même, sur la ligne des tirailleurs, par les chefs de groupe, appointés ou soldats de 1re classe, comme on voudra les nommer, nécessairement élèves-caporaux, dont l'éducation spéciale reste à faire en vue du service de campagne et qui seront les entraîneurs de leurs camarades de combat.

III. — Du rôle du capitaine.

De la vigoureuse constitution de la compagnie, de l'instruction et de la solidité des cadres et des soldats, dépendent la cohésion du bataillon, le succès du régiment. On ne saurait donc entourer de trop de soins l'éducation de la compagnie, — officiers, sous-officiers et soldats, — ni augmenter assez la compétence, les pouvoirs, la responsabilité du capitaine.

Le capitaine est la cheville ouvrière de toute la machine militaire. Il est le père de sa compagnie, dans toute l'étendue du mot. Il assure ses vivres et son habillement, son armement et son logement ; il fait son éducation militaire ; il a charge d'âmes, et il remportera à la geurre les succès qu'il aura su, patiemment, péniblement, préparer à la caserne.

Il connaît le caractère, les aptitudes et la valeur de chacun de ses hommes ; il les reçoit conscrits et les renvoie dans la réserve hommes faits, instruits, disciplinés, citoyens respectueux de la loi et de l'autorité, défenseurs convaincus du pays, hommes du devoir.

Au combat, son influence est toute puissante. C'est lui qui entraîne, modère, donne, le premier, l'exemple des vertus guerrières; fait supporter avec patience la faim, la fatigue et les misères; fait récompenser les actions d'éclat et soutient les courages défaillants.

Le rôle du capitaine est considérable; il faut que sa situation soit en rapport avec ce rôle.

Le capitaine doit être tout puissant dans sa compagnie pour l'instruction, l'administration et la discipline.

Pour l'instruction, il fera ses programmes, emploiera ses officiers et ses sous-officiers comme il l'entendra, disposera des heures et du terrain sans autre restriction que celle de ne pas gêner son voisin, et il se servira de telle méthode qui lui paraîtra bonne, pourvu qu'elle le conduise au but.

Pour l'administration de sa compagnie, simplifiée comme nous le verrons plus loin, le capitaine doit se mouvoir librement dans la limite des règlements, n'avoir point à se préoccuper d'un contrôle préventif, sauf à être responsable pécuniairement devant le contrôle répressif et moralement devant le commandement.

Quant à la discipline, elle doit être tout entière dans la main du capitaine. Les officiers, les sous-officiers et les caporaux de la compagnie prononcent des punitions de consigne et de salle de police ; le capitaine seul en fixera la durée. Il fera l'éducation de ses cadres pour qu'ils observent la mesure dans la répression, et il cherchera à faire substituer le plus possible les moyens moraux aux peines disciplinaires. Sous le régime du service personnel, la conduite du soldat sera meilleure, car il y aura dans le rang plus d'éducation, plus d'amour-propre, plus de respect de soi, plus de patriotisme ; l'exemple du bien sera plus contagieux, les punitions deviendront plus rares, leur échelle surtout devra être considérablement abaissée. Pour les mauvais sujets et les ivrognes incorrigibles, il suffira d'édicter une loi qui prescrive de prolonger leur séjour sous les drapeaux du nombre de jours qu'ils auront passés en prison ou dans les compagnies de discipline.

Enfin, nul homme ne devra pouvoir obtenir un congé provisoire, en attendant son renvoi dans la réserve, s'il n'est expressément proposé pour ce congé par son capitaine [1].

Il serait utile que le capitaine fût monté en campagne, car il est âgé de trente à cinquante ans, et il ne faut pas que les fatigues d'une marche laborieuse l'empêchent de s'occuper de sa compagnie au bivouac, à la grand'garde ou au combat. De bons esprits voient cependant dans cette innovation une charge nouvelle pour nos finances et une augmentation des impedimenta à la guerre, c'est-à-dire une quantité plus considérable de fourrages à transporter ou à se procurer, des chevaux nombreux à faire tenir en main pendant le combat, etc. Nous avouerons, toutefois, que les avantages nous paraissent supérieurs aux inconvénients.

La toute-puissance du capitaine dans la direction de l'instruction et de la discipline de la compagnie est loin de nuire à l'action du chef de bataillon sur son bataillon et au prestige que l'officier supérieur doit exercer sur la troupe.

---

[1] L'instruction, l'administration et la discipline étant, comme nous venons de le dire, complétement dans la main du capitaine, nous ne nous rendons pas aisément compte du rôle que serait appelé à jouer dans la compagnie un capitaine en second, dont la création semble préoccuper l'opinion publique dans l'armée. Ce second du capitaine commandant jouera un rôle très-effacé, aura une autorité qui ne trouvera guère à s'exercer, placé qu'il est entre le capitaine en premier et les officiers de section, et ses attributions seront bien difficiles à fixer, à moins que ce ne doive être aux dépens de celles des autres organes du commandement. Si, au contraire, cet officier prend ses épaulettes au sérieux, il ne pourra que contrecarrer les agissements de son capitaine en premier, ou bien faire complétement la besogne de celui-ci.

IV. — Du rôle du chef de bataillon.

Le colonel fixe les dates auxquelles les différentes écoles doivent être terminées et les compagnies être examinées par le chef de bataillon. Celui-ci se rend fréquemment sur le terrain pour veiller à ce que les capitaines fassent strictement observer les règlements et n'introduisent dans l'instruction rien qui puisse nuire à l'uniformité.

Les écoles du soldat, du peloton, des tirailleurs et les principes du tir sont serrés d'assez près par l'ordonnance pour que le chef de bataillon puisse laisser la plus grande latitude aux capitaines sur le choix des méthodes à employer.

Mais c'est dans l'étude et dans l'application du service en campagne que l'influence personnelle du chef de bataillon doit se faire sentir. A lui appartient le soin d'initier ses officiers aux principes tactiques, de faire leur éducation militaire en dirigeant leurs études spéciales.

Il les emmènera fréquemment sur le terrain, pour y faire des études d'application ; cette instruction théorique terminée, les capitaines reprennent leur initiative et leur responsabilité, pour faire l'éducation de guerre de leurs hommes, et le rôle du chef de bataillon se bornera à surveiller d'abord l'application des principes qu'il a enseignés et à examiner les résultats obtenus.

Quant à la discipline, le chef de bataillon s'appliquera à obtenir de ses capitaines une égale appréciation de la gravité des fautes et des moyens de répression, et à leur inculquer le calme, l'égalité d'humeur, la patience et l'énergie, qui font les chefs estimés, respectés et aimés.

Les manœuvres de bataillon, tant sur le terrain d'exercice que pour les petites opérations de guerre, seront dirigées par le chef de bataillon avec la même initiative et, par conséquent, la même indépendance que celles de la compagnie par le capitaine.

Le colonel aura préalablement communiqué ses idées aux chefs de bataillon, afin qu'il y ait unité dans l'instruction du régiment. Le lieutenant-colonel, sous la direction du colonel, sera chargé des manœuvres du régiment réuni et de la haute surveillance de l'instruction de toutes les fractions.

Le colonel, responsable en fin de compte de l'instruction et de la discipline de son régiment, donnera par son impulsion la vie à la machine, en dirigera de haut le fonctionnement dans son ensemble, et surtout donnera tous ses soins à l'éducation militaire et scientifique de son corps d'officiers.

V. — Des manœuvres d'automne.

Voilà donc le régiment possédant ce que nous appellerons son instruction militaire primaire ; il a passé par toutes les écoles préparatoires ; il n'a plus qu'à apprendre — officiers et soldats — à faire la guerre.

C'est avec un effectif moyen de 70 hommes par compagnie, cadres non compris, que se fera, année courante, l'instruction à la caserne et sur le terrain d'exercice ; mais cet effectif est insuffisant pour les manœuvres de guerre. Il devra être complété au moyen de classes de la réserve, rappelées successivement au moment des manœuvres d'automne. Ces manœuvres seront l'école de guerre. Celle-ci embrassera les manœuvres de guerre de régiment, de brigade, de division, de corps d'armée, combinées avec celles des autres armes.

Ces opérations sont aussi nécessaires à l'éducation de l'officier qu'à celle de la troupe. Là, l'officier forme son coup d'œil, apprend à observer et à juger le terrain ; il verra les différentes armes concourir au but proposé et il se familiarisera avec le jeu de leurs évolutions.

Pour ces opérations, les troupes seront-elles campées ou cantonnées ? Les meilleurs esprits, en France, se partagent sur cette question.

Des nécessités politiques obligent parfois de réunir autour de certaines villes, sur certains points, un grand nombre de troupes ; le casernement est insuffisant, le logement chez l'habitant peut avoir des inconvénients, on est forcé d'établir des camps, et les troupes qui les occupent y font leur instruction aussi bien que possible. Cette expérience, imposée momentanément par la force des choses, conclut-elle en faveur des camps permanents ? Nous ne le pensons pas.

Grâce à l'esprit inventif de nos troupiers, grâce à la sollicitude de nos chefs pour le bien-être du soldat, les camps permanents ne tardent pas à devenir des installations relativement confortables, qui ne rappellent en rien les misères de la guerre. La discipline s'y relâche : les absences nocturnes y sont fréquentes, difficiles à empêcher, difficiles à réprimer.

L'officier y vit trop près du soldat ; il se discrédite à ses yeux, quoi qu'il fasse pour l'éviter ; ses faiblesses sont connues du soldat, quoi qu'il fasse pour les cacher. En dehors des travaux actifs, la vie à la longue lui devient odieuse sous la tente ou dans la baraque ; son esprit ne s'y dispose pas à l'étude, et il fuit le camp, dès que son service le lui permet.

Le séjour prolongé dans un camp permanent peut faire des soudards du moyen âge ; mais il ne produira pas des officiers distingués, hommes d'étude et hommes du monde, joignant à la connaissance approfondie du métier cette instruction variée dont le besoin se fait si vivement sentir au contact de la bonne compagnie.

Est-ce à dire pour cela qu'il ne faille jamais sortir de la garnison? Au contraire, il en faut sortir tous les ans pour exécuter des manœuvres de guerre, et, pendant la durée de ces manœuvres, il faut cantonner et quelquefois bivouaquer.

Pendant dix mois de l'année, il faut les casernes spacieuses et bien aménagées, où tous les détails du service et de la discipline peuvent être surveillés de près, où les hommes sont dans la main des cadres, et où toutes les branches de l'instruction peuvent être cultivées avec soin. Pendant ces dix mois, l'officier vit au milieu de la société, il fait bonne figure dans le monde, où il voudra se montrer instruit, intelligent, bien élevé. Par son attitude et ses succès, il développera au milieu de la jeunesse le goût de l'épaulette; il sera heureux de donner ses heures de loisir à l'étude, et il trouvera aisément toutes les ressources nécessaires à son développement intellectuel.

Les deux autres mois de l'année seront consacrés à des opérations qui devront être une image aussi fidèle que possible de la guerre.

Pendant ces deux mois, les troupes devront cantonner, et, de temps en temps, bivouaquer.

Que d'impedimenta de moins, le jour où nos convois ne seront plus embarrassés de tentes, où les sacs de nos soldats seront réduits à l'indispensable : une paire de souliers, une chemise de flanelle, deux petites brosses pour l'entretien de l'arme, de l'équipement et de la chaussure, une conserve alimentaire et deux tablettes de biscuit pour les jours sans distribution, enfin les cartouches !

Il nous faut apprendre à cantonner. Il nous faut habituer nos hommes à loger chez l'habitant, en respectant la propriété et en observant la plus sévère discipline; à se réunir de jour et de nuit, au premier signal du clairon, par escouade, par section, par compagnie, par bataillon, par régiment et par brigade; à se garder contre toute surprise. Il faut que les officiers sachent manier facilement la statistique des lieux habités, pour faire le logement de leurs troupes, réunir promptement, brusquement, sûrement, les fractions qu'ils commandent, juger d'un coup d'œil le parti à tirer de la disposition des maisons pour la défense, choisir les emplacements pour les réunions, et reconnaître rapidement les environs pour l'emplacement des grand'gardes et des petits postes, qui permettent aux troupes cantonnées de dormir sans inquiétude, et, en cas d'alarme, de se réunir sans précipitation.

Il en résultera, évidemment, une charge pour l'habitant. L'Etat pourra lui accorder une légère indemnité, par homme et par cheval, sur les économies qu'il pourrait faire en supprimant les changements de garnison. D'ailleurs, ne l'oublions pas, ces manœuvres se feront sous le régime du service personnel; tous les jeunes gens étant appelés sous les drapeaux, toutes les familles s'intéresseront également aux travaux de l'armée, et subiront plus philosophiquement les inconvénients qui pourront résulter pour elles de ces réunions d'automne.

Les hommes de la réserve seront appelés, par classe, à prendre part à ces manœuvres, deux fois pendant la durée de leur séjour dans la réserve; ils seront, pour ainsi dire, sous les yeux de leurs parents, et ils auront tout intérêt à se montrer disciplinés, à respecter et à faire respecter la propriété.

Toutes les fois que les opérations l'exigeront, les troupes passeront la nuit au bivouac.

Quand le moment des manœuvres sera venu, c'est-à-dire à l'époque où, selon la région, les récoltes seront rentrées, le corps d'armée ira occuper les cantonnements, que son état-major général aura préalablement reconnus et désignés. Le colonel part avec cinq bataillons, et laisse un sixième dans la garnison, pour y assurer le service d'ordre. Les bataillons alternent entre eux, chaque année, pour ce service.

Les feuilles de route seront envoyées aux hommes de la réserve appelés aux manœuvres, de manière que, quelle que soit la distance qu'ils aient à parcourir, ils aient rejoint l'avant-veille du départ du régiment, pour pouvoir être habillés, équipés et armés. L'effectif du régiment se trouvera facilement doublé, et les capitaines, pendant ces opérations, apprendront à manier leur effectif de guerre.

Le corps d'armée, arrivé dans ses cantonnements, se dédouble aussitôt, en exécutant la dislocation préparée au quartier général et communiquée, avant son départ de la garnison, à chaque partie constitutive. Les brigades et les divisions sont constituées avec les régiments commandés par les colonels et composés des trois premiers bataillons; les brigades et les divisions du corps d'armée *bis*, avec les régiments composés des quatrième et cinquième bataillons et commandés par les lieutenants-colonels.

Il manquera un certain nombre de généraux pour commander les brigades, les divisions et les corps d'armée *bis*, parce qu'en temps de paix plusieurs d'entre eux seront employés dans les commissions et les comités d'armes; on y suppléera en faisant commander les différentes unités par des officiers du grade immédiatement inférieur. De cette manière, les lieutenants apprendront à commander des compagnies, les capitaines des bataillons, les chefs de bataillon et les lieutenants-colonels des régiments, etc., etc.

Ce sera la meilleure école d'application pour les officiers de tout grade, dont le coup d'œil se formera et qui se prépareront ainsi à occuper dignement plus tard des grades plus élevés.

Pendant les six ou sept semaines que dureront ces manœuvres, on fera successivement toutes les opérations de guerre, depuis celles du bataillon isolé jusqu'à celles du corps d'armée.

On pourra même, en alternant, chaque année, de région, profiter de ces grandes manœuvres périodiques, pour mobiliser toutes les classes de la réserve de la région et mettre sur pied le matériel complet des deux corps d'armée dédoublés. Le système de mobilisation, ainsi expérimenté alternativement dans chaque région, sera facilement perfectionné dans tous ses rouages, et la France ne tardera pas à pouvoir rivaliser de vitesse avec ses voisins pour mettre de formidables armées sur pied de guerre.

VI. — De l'administration du régiment d'infanterie.

Ces armées seront fortes par le nombre ; elles seront instruites et bien disciplinées, — les travaux qui, depuis bientôt trois ans, s'accomplissent dans tous les rangs avec une louable émulation, nous permettent de l'espérer ; — elles seront, sans aucun doute, pourvues d'un matériel abondant et perfectionné ; elles marcheront à la frontière avec une patriotique abnégation, grâce au service personnel, qui élève leur niveau moral ; mais elles ne vaincront qu'autant qu'à toutes ces conditions elles en joignent une dernière : une bonne administration.

Mais nous nous estimons trop profane pour nous permettre d'apporter quelques arguments nouveaux en faveur des modifications que réclame, dans notre système d'administration, l'opinion publique de l'armée. D'ailleurs, *sub judice lis est ;* nous nous bornerons donc à effleurer la question au seul point de vue de l'administration du régiment à six bataillons.

Pour remporter des succès à la guerre, il faut — c'est une vieille vérité, éternellement vraie — qu'une armée soit bien commandée et bien administrée. Or, une armée n'est bien administrée qu'autant que son administration est complétement, exclusivement, dans la main du commandement.

L'administration se compose de direction et de contrôle ; la direction doit appartenir au commandement, le contrôle à un corps spécial, relevant du ministre de la guerre, disent les uns, du ministre des finances, demandent les autres.

Les agents d'exécution des faits de l'administration doivent donc être placés sous les ordres du commandement, qui prévoit les besoins, donne des ordres, et veille à leur exécution. Ces agents seront responsables vis-à-vis du commandement de la bonne exécution des ordres, et vis-à-vis des fonctionnaires du contrôle de l'observation des lois et règlements.

Pour simplifier la comptabilité et pour que le passage du pied de paix au pied de guerre ne vienne pas donner une secousse fâcheuse à toute la machine administrative, il est nécessaire qu'à l'intérieur, comme en campagne, il y ait les mêmes procédés de comptabilité, les mêmes règlements ; les tarifs seuls devront différer.

Pourvoir le régiment de ses vivres, de sa solde, de son habillement, de son équipement, de son armement et de son casernement, tel est le rôle de la direction.

Le contrôle a pour mission de vérifier si les deniers du Trésor ont été employés à ces fins, et si les règlements administratifs ont été scrupuleusement observés.

Le conseil d'administration du régiment suffit à la direction ; il est un être impersonnel, dont la probité ne peut être suspecte ; renouvelable, en partie, tous les ans, composé d'officiers qui ont tout intérêt à ce que leur régiment soit toujours et partout bien pourvu, pécuniairement et moralement responsable des conséquences de la non-observation des règlements, le conseil d'administration est le directeur-né de l'administration du corps. Il doit passer les marchés et en poursuivre l'exécution.

Pour qu'un corps d'armée soit mobilisable dans un minimum de temps, il faut que la décentralisation dans la direction administrative soit poussée à ses dernières limites, c'est-à-dire que les arsenaux, les établissements militaires, les magasins régionaux et les magasins régimentaires soient constamment tenus au grand complet de guerre, par les soins des chefs qui les dirigent immédiatement.

Pour le régiment rien n'est plus facile. Avec le service obligatoire personnel, les ateliers de la compagnie hors rang abonderont d'excellents ouvriers. Les maîtres ouvriers, avec une main-d'œuvre minime [1], rempliront les magasins d'effets d'habillement, de chaussure et d'équipement pour un effectif double de celui du pied de guerre et qu'ils remplaceront à mesure des distributions. Le maître tailleur devra se procurer lui-même les draps, comme le maître cordonnier s'est toujours procuré les cuirs, à ses risques et périls.

---

[1] Sans doute, si l'on fait entrer dans le calcul du prix de revient des effets fabriqués dans les ateliers régimentaires, ce que coûte à l'Etat le soldat-ouvrier sous le rapport de l'habillement, de la nourriture et du logement, ces effets peuvent atteindre le même prix que dans la grande industrie. Mais n'aura-t-on pas encore une plus grande garantie de meilleure fabrication, de vérification plus facile des matières premières, parce qu'elle portera sur des quantités moindres ; enfin, grâce aux ateliers régimentaires, ne rendra-t-on pas impossible le retour, sous le coup de la nécessité, de ces marchés scandaleux, stipulant des prix fantastiques pour des effets de la plus mauvaise qualité ?

Il aura tout intérêt à ce que ses draps soient de bonne qualité et réglementaires ; car, acceptés par le conseil d'administration, ils seront portés et usés dans le régiment, sans cesser un seul jour d'être soumis à l'observation et à la critique des officiers.

D'ailleurs, personne n'ignore que les fournitures des ateliers régimentaires ont toujours été supérieures, sous le rapport de la qualité, de la coupe, de la façon, à celles de la grande industrie, et reviennent moins cher.

Quelle objection sérieuse pourra-t-on faire contre ces ateliers au profit des fournitures de la grande industrie, quand ceux-ci, avec le concours de nombreux et bons ouvriers amenés par le service personnel, parviendront à suffire à tous les besoins, si grands soient-ils ? On ne verra plus de ces marchés scandaleux, portant sur des fournitures trop considérables pour pouvoir être minutieusement vérifiées, encombrant les gares et les voies ferrées sans pouvoir en temps utile parvenir à destination, enrichissant d'inutiles intermédiaires, et ne pouvant être refusées après vérification, quoique trouvées inacceptables, parce que dans les circonstances urgentes,—cela a été dit, — *elles valent encore mieux que rien.*

Comme les magasins du corps seront constamment tenus au grand complet de guerre, ils pourront encore concourir à l'entretien des approvisionnements que le ministre voudra accumuler dans les grandes places de dépôt.

Les effets d'équipement pourront être fournis, comme la chaussure, par le maître cordonnier.

Les armes, comme par le passé, sortiront des manufactures dirigées et surveillées par nos officiers d'artillerie. L'armurier entretiendra l'armement du régiment au chiffre du double de l'effectif de guerre.

Pour la nourriture du soldat, l'Etat est entré dans une excellente voie en fournissant la viande, comme il fournit le pain. Que ne se décide-t-il à fournir la nourriture complète, c'est-à-dire les vivres de campagne, en station comme en guerre ? Nous y verrions un triple avantage :

Même système de comptabilité et d'administration sur le pied de paix comme sur le pied de guerre ; éducation du commerce honnête et sérieux faite pendant la paix, en vue d'apprendre à suffire à l'entretien des armées en campagne ; enfin, simplification de la comptabilité intérieure du régiment.

En effet, le soldat touchant les vivres et recevant la même solde à l'intérieur comme en campagne, il n'y aura plus de coupure à faire dans la comptabilité au moment du passage du pied de paix au pied de guerre, et la machine administrative continuera à fonctionner sans secousse et du même mouvement.

L'état-major général passera pour le corps d'armée des marchés avec les entrepreneurs de boucherie et d'épicerie, sur cahiers des charges approuvés par le ministre, comme déjà l'administration le fait pour le fourrage et le chauffage sur toute l'étendue du territoire, et pour le pain dans les places où il n'existe pas de manutention militaire.

Le commerce français apprendra ainsi à pourvoir nos corps d'armée en temps de paix; il les suivra en campagne et saura suffire à tous les besoins.

Le libre commerce est seul apte à ce métier. Il ne craint pas le contrôle; mais il lui faut les coudées franches. D'ailleurs, en fin de compte, l'administration n'a-t-elle pas toujours dû recourir à lui et subir ses conditions, d'autant plus onéreuses qu'il avait à improviser ses moyens d'exécution dans les circonstances les plus difficiles, les plus critiques, les plus urgentes? Pourquoi alors ne pas l'intéresser directement à l'entretien de l'armée dans l'intérieur, afin qu'il puisse faire sa propre éducation, constituer son personnel et son outillage pour l'entretien des armées en campagne?

Enfin, en fournissant directement tous les vivres à la troupe, on enlève un gros souci à la commission des ordinaires et aux commandants de compagnie, tout en faveur de leurs autres occupations, et on simplifie considérablement la comptabilité intérieure. Les légumes pourront être fournis par des potagers militaires, faciles à établir dans toutes les garnisons; l'expérience en a pleinement réussi dans beaucoup de régiments.

VII. — De la suppression des officiers comptables du régiment.

Quels seront les agents d'exécution du conseil d'administration? Devra-t-on maintenir les majors, les officiers d'habillement et les trésoriers? Nous ne le pensons pas.

Il ne faut plus d'officiers en activité et valides, appelés à d'autres fonctions que les fonctions actives. Il ne faut plus de ces positions bureaucratiques, dans lesquelles l'officier oublie son véritable métier, en perd le goût et l'habitude, ne rêve plus qu'une situation sédentaire en attendant sa retraite et ne fait pas bonne mine quand, malgré ses propres combinaisons, le hasard des mutations ou la force des événements le replacent sur le champ de manœuvres ou en campagne. A l'avenir, et dans tous les grades, nous aurons besoin de pratiquer sans cesse pour rester à la hauteur de notre mission et pouvoir rendre les services que le pays attend de nous.

Les agents du conseil devront donc être des officiers d'administration, au nombre de trois. L'un, le chef de la comptabilité, remplira les fonctions actuelles du major; les deux autres, d'une classe inférieure, seront chargés des services de l'habillement, de l'armement, du casernement, de la solde et des vivres. Ces deux derniers auront pour chefs de bureau deux adjudants d'administration. En cas de mobilisation, les deux officiers d'administration suivront le colonel avec les trois premiers bataillons, les adjudants d'administration suivront le régiment *bis*, et l'officier d'administration chef de la comptabilité restera avec le bataillon-dépôt et reconstituera ses bureaux avec des élèves-adjudants. Les sous-officiers comptables des compagnies seront placés sous le contrôle des officiers d'administration. La signature du commandant de la compagnie n'est engagée que pour le reçu des effets, denrées et deniers distribués à la compagnie.

Un simple carnet de campagne, recevant l'inscription des recettes et des dépenses, des distributions et des réintégrations, du contrôle et des mutations, est tenu par le sous-officier comptable de la compagnie, arrêté et signé à la fin du trimestre par le capitaine et remis ensuite au chef de la comptabilité, qui le fait vérifier dans ses bureaux, où il fera établir les feuilles de décompte et de journées. La comptabilité du régiment est contrôlée, au premier degré, au quartier général du corps d'armée, par les fonctionnaires du contrôle, chargés aussi du contrôle de tous les établissements militaires situés dans la région et de celui de tous les services exploités soit par la voie économique, soit par l'entreprise; elle subira un second contrôle au ministère de la guerre, ou au ministère des finances si les agents du contrôle relèvent de ce dernier; enfin, un dernier et suprême contrôle à la Cour des comptes. Organisée ainsi, l'administration, en temps de paix comme en temps de guerre, sera sur son véritable terrain; la direction sera entre les mains du commandement, l'exécution entre celles d'agents militaires placés sous les ordres du commandement, et le contrôle appartiendra à qui de droit, à un corps indépendant, jaloux de sauvegarder les intérêts du Trésor, et tout entier à cette mission aussi laborieuse qu'honorable [1].

Le chef de corps et les commandants de compagnie ne gémiront plus sous le poids des paperasses. Les officiers, ne pouvant plus devenir ni trésoriers, ni officiers d'habillement, se consacreront sans arrière-pensée à leur carrière militaire et ne diminueront plus, en entrant dans les bureaux, la moyenne d'intelligence et d'instruction de l'armée. Il n'y aura plus d'autres agents d'administration que

---

[1] Les généraux commandant les corps d'armée pourront être les délégués, et les chefs d'état-major des divisions les sous-délégués du ministre de la guerre pour l'ordonnancement des dépenses.

les officiers comptables, qui choisiront cette carrière dès leur jeunesse et la parcourront honorablement.

Certes, il y aura de sages limites à tracer entre les compétences et les responsabilités diverses du commandement, pour sa part dans la direction et l'exécution, et du contrôle local et central. Nous n'avons pas la prétention d'édifier d'une seule pièce tout un système qui demande une étude approfondie et une discussion contradictoire ; nous n'en indiquons que les lignes principales ; mais ce que nous demandons avec une inébranlable conviction, c'est la séparation de la direction et du contrôle : celle-là entièrement, exclusivement, dans la main du commandement ; celle-ci entièrement, exclusivement, dans la main de fonctionnaires spéciaux et indépendants.

VIII. — Des cadres.

Nous avons dit que pour vaincre il fallait qu'une armée fût forte par le nombre, bien commandée, bien administrée, instruite et disciplinée.

Or, ce sont les cadres qui donnent l'instruction, inculquent et assurent la discipline.

Commençons par les sous-officiers.

Il nous semble impossible qu'un homme puisse, pendant 25 ans, porter le sac, faire le métier si pénible de sous-officier et demeurer un bon serviteur. Il n'est donc pas de principe plus nuisible à la bonne constitution d'une armée, que celui en vertu duquel une pension de retraite est accordée à l'homme de troupe qui a passé 25 ans sous les drapeaux.

L'expérience a, depuis longtemps, fait justice des vieux soldats de profession, et la loi du 27 juillet 1872 ne les admet plus dans l'armée. La pension doit être la rémunération des services rendus pendant une période de 25 ans. Or, le sous-officier ne peut généralement faire un bon service de garnison et de guerre que pendant la moitié de ce temps.

La rapidité avec laquelle, sous le régime de la nouvelle loi de recrutement, devra être poussée l'instruction militaire, l'économie de temps à faire sur la durée de la présence sous les drapeaux, aux dépens des loisirs et aussi des forces physiques et de la santé des cadres, exigent de la part du sous-officier, comme de l'officier, plus d'instruction, plus de vigueur, plus d'amour du métier. Le sous-officier qui ne peut pas prétendre à l'épaulette et qui n'a pas en perspective une pension de retraite, doit trouver la récompense de ses services dans une situation morale et matérielle meilleure à la caserne et *dans la certitude d'un avenir assuré*.

Après douze ans de service, le sous-officier est dans toute la force de l'âge pour suffire à toutes les exigences d'un emploi civil. Il apportera dans cet emploi l'habitude du travail, l'esprit de discipline, le sentiment du devoir et de l'honneur, le respect de la loi. Plus il est intelligent, instruit et laborieux, plus loin il pourra pousser sa nouvelle carrière ; toujours il y pourra atteindre une pension de retraite supérieure à celle qui lui a été donnée dans l'armée, et dans le décompte de laquelle entreront ses douze ans de service militaire. Mais il faut qu'une loi intervienne, qui édicte que les emplois civils de l'Etat ne seront, désormais, accordés qu'aux sous-officiers ayant douze ans de présence sous les drapeaux. Une pareille loi *assurera* l'avenir du sous-officier en lui constituant *un droit*. Ce droit ne lésera aucun des intérêts de la nation; car, avec le service personnel, les emplois civils donnés aux anciens sous-officiers seront accessibles à tous les citoyens, avec cette différence que, pour les occuper, il faudra faire un stage, un surnumérariat comme sous-officier dans l'armée.

L'armée et la société civile, c'est-à-dire la nation entière profitera de ce nouvel état des choses : — l'armée, en tant qu'elle aura d'excellents sous-officiers, encouragés dans leurs pénibles travaux par la perspective d'un avenir assuré ; — la société civile, en tant que la difficulté devenue plus grande de satisfaire à la soif des emplois de l'Etat fera refluer vers l'agriculture, l'industrie et le commerce une foule de jeunes gens qui encombrent les abords de tous les surnumérariats, constituent autant de forces vives enlevées au travail national et grossissent sans cesse la légion si dangereuse des déclassés.

De plus, dans cette catégorie de fonctionnaires civils, anciens sous-officiers, l'armée territoriale pourra recruter ses meilleurs officiers subalternes.

Il ne nous semble pas utile de créer des écoles de sous-officiers. La meilleure école de sous-officiers est le régiment. Le service personnel, sérieusement obligatoire pour tous, amènera dans l'armée un grand nombre de jeunes gens suffisamment instruits, qui prendront goût au métier, et, s'ils ne peuvent prétendre à l'épaulette, feront, en attendant les emplois civils, d'excellents sous-officiers. Ils apprendront à l'école régimentaire les éléments des sciences militaires dont ils auront à faire l'application. Quant à une bonne instruction primaire, ils devront l'apporter en arrivant au régiment.

Il nous reste à parler des officiers.

De bons esprits croient que l'idéal d'un corps d'officiers est une réunion d'hommes qui, à leur entrée dans la carrière, après de bonnes études classiques, ont puisé aux mêmes sources la même éducation militaire, et ils voient dans cette égalité d'origine une égalité d'instruction et la même chance pour tous d'arriver, relativement jeunes, aux grades élevés. Sans doute, dans ces conditions, le niveau de l'instruction serait plus élevé au point de départ; mais les cadres élevés seraient-ils plus jeunes? Les puissances étrangères, chez qui domine le principe de l'unité d'origine des officiers, nous offrent l'exemple du contraire.

Il nous semble que l'on agirait à l'encontre des intérêts de l'armée, en n'acceptant pas dans son sein, pour devenir officiers, des jeunes gens qui s'engagent après avoir essayé d'une autre carrière, travaillé dans une autre voie, et qui, malgré une vocation tardive, n'en sont pas moins appelés, — de nombreux et brillants exemples le prouvent surabondamment, — à revêtir dignement les grades les plus élevés.

L'égalité d'instruction générale et militaire au début est certes une excellente chose et très à désirer; mais ne voyons-nous pas l'inégalité des intelligences, du goût pour le travail; l'inégalité des aptitudes spéciales, qui ne se manifestent guère que quelque temps après la sortie de l'école; l'inégalité du zèle pour le service; enfin, il faut le dire, l'inégalité des hasards dans l'avancement, se dessiner de bonne heure dans la carrière des officiers qui ont les écoles militaires pour origine, et leur faire des destinées bien différentes?

C'est la loi du monde, à laquelle sacrifie l'armée comme la société civile. A chacun selon ses actes, son intelligence, sa valeur propre, sa chance. La même origine ne fera pas plus les mêmes carrières, que les mêmes sommes d'argent, mises entre les mains de tous les individus d'une nation, ne produiront les mêmes fortunes.

Le but que nous devons poursuivre, c'est de nous instruire théoriquement et pratiquement, et de nous mettre à même d'occuper dignement les grades auxquels nous appellent nos services et les chances de la guerre.

Le sous-officier qui prétend à l'épaulette doit être jeune, intelligent, vigoureux, avoir une instruction générale satisfaisante, dûment constatée d'après des programmes arrêtés par le ministre, et une instruction militaire commencée au régiment et perfectionnée dans une école spéciale.

Jusqu'à présent, pour arriver à l'épaulette, il faut, dans l'infanterie du moins, avoir passé par les fonctions de fourrier et celles de sergent-major. Chacun sait combien ces fonctions absorbent le temps des sous-officiers dans un travail paperassier, peu fait pour développer l'intelligence militaire, et laissent des loisirs bien insuffisants pour l'étude des choses indispensables au métier. Nous pensons que ces fonctions ne doivent être remplies que par les jeunes gens qui se destinent à devenir officiers d'administration; elles seront une bonne école pratique de comptabilité, et conduiront, après examen, aux emplois d'adjudant d'administration. On pourra exiger que ces jeunes gens, après avoir traversé l'instruction militaire, passent un an dans une école d'administration et en sortent caporaux-fourriers, s'ils ont suffi aux examens. Les caporaux-fourriers rempliront alors au régiment les fonctions actuelles du fourrier ; en passant fourriers plus tard, ils rempliront les fonctions de comptabilité actuellement dévolues aux sergents-majors.

De cette manière, le recrutement du corps des officiers d'administration sera assuré dans les meilleures conditions.

Les aspirants à l'épaulette seront pris parmi les sous-officiers faisant le service actif dans la compagnie. L'emploi de sergent-major sera réservé au chef des sous-officiers ; le sergent-major sera le factotum, l'adjudant du capitaine dans le service intérieur ; c'est un futur officier, qui aura, le soir, des loisirs pour l'étude ; il devra être l'objet d'une considération sérieuse dans l'intérieur de la compagnie, et, en campagne, quand la compagnie a son effectif de guerre, le capitaine pourra l'employer comme un quatrième officier.

Les sergents et les sergents-majors seront donc aptes à devenir officiers. Leur première instruction militaire se fera au régiment ; un complément d'instruction leur sera donné dans les écoles spéciales.

Deux bataillons-écoles suffiront pour l'infanterie ; l'effectif de ces bataillons sera calculé de manière à suffire, avec l'école spéciale militaire, au recrutement de tous les officiers.

Les jeunes gens y entreront comme caporaux, afin de n'être pas distraits du régiment comme sous-officiers. La durée du séjour au bataillon-école sera de dix mois, et calculée de manière que tous les élèves aient rejoint le régiment pour les manœuvres d'automne.

A leur sortie du bataillon-école, les élèves seront classés par ordre de mérite et inscrits dans cet ordre, au ministère de la guerre, sur une liste d'aptitude à l'épaulette.

A leur retour au régiment, ils suivront des cours spéciaux, faits par les officiers les plus compétents, et seront l'objet de l'examen attentif des généraux inspecteurs, dont les notes sur la conduite, le travail et le zèle dans le service pourront modifier le classement de sortie, c'est-à-dire avancer ou reculer le jour de la promotion au grade de sous-lieutenant.

Grâce à ce système d'instruction et d'entraînement, tous les officiers seront à même de bien débuter dans la carrière. Au chef de corps il appartiendra ensuite de continuer l'éducation du corps d'officiers, au moyen de conférences sérieuses qu'il présidera et de travaux militaires de toutes sortes dont il fixera les programmes et guidera l'exécution.

De cette façon, l'officier sera toujours digne de sa position et de sa mission. L'homme qui a l'honneur de commander ses semblables, de la science et de l'expérience militaires duquel dépendent, sur le champ de bataille, la vie de ses soldats et, en partie, les destinées du pays, cet homme a besoin d'être estimé, respecté, indiscutable à tous les points de vue. Il faut que le soldat ait confiance en lui, croie en lui. Il faut que les talents de l'officier et son caractère justifient aux yeux du soldat les sévères prescriptions de la discipline. Il faut qu'à notre époque, trop féconde, hélas! en criminelles tentatives d'émancipation de toute hiérarchie sociale, les liens de la discipline militaire soient plus solides que jamais, et, pour cela, répétons-le, le devoir de l'officier est d'agir en toutes choses de manière que le soldat croie en lui.

N'oublions pas davantage qu'avec le service personnel le niveau de l'instruction sera bien plus élevé dans les rangs de la troupe, et qu'il ne faut pas que l'officier ait à rougir de son ignorance devant des soldats plus instruits que lui.

IX. — Conclusion.

Résumons.

Le service obligatoire personnel avec trois années de présence sous les drapeaux pour le contingent tout entier, une année seulement pour les jeunes gens instruits, et six années dans la réserve, donnera à la France une armée d'un million *au moins* de combattants, s'appuyant sur une armée territoriale de plus d'un million d'anciens soldats.

Le bataillon réduit à 4 compagnies de 200 à 250 hommes n'est pas une innovation dangereuse et qui en soit à faire ses preuves.

L'escouade de 20 hommes au plus, avec deux ou trois chefs de groupe dressés pour entraîner ou modérer les camarades de combat, est aisément commandée par le caporal présent sur la ligne des tirailleurs.

La compagnie mobilisée est fractionnée en six demi-sections, chacune commandée par un sergent, et en trois sections, chacune commandée par un officier.

Le capitaine, assisté du sergent-major, son aide de camp, a toutes les fractions de sa compagnie dans la main. D'ailleurs, commande-t-on sur le champ de bataille une ligne de tirailleurs? On la dirige tout au plus.

Au combat, le devoir du commandant de compagnie est de connaître le but à atteindre, de savoir, d'un coup d'œil, se rendre compte du terrain à parcourir, d'indiquer à ses officiers et à ses sous-officiers les voies et moyens d'engager ses tirailleurs avec intelligence, d'être calme et brave, et de se porter de sa personne au point devenu critique ou au point décisif de sa ligne.

On aura beau écrire des volumes sur la tactique du combat de tirailleurs, c'est ainsi que se passeront toujours les choses sur le champ de bataille, la compagnie serait-elle de 100 hommes ou de

200 hommes. Sans doute, il faut que nos cadres soient plus instruits, il faut que nos soldats soient, en campagne, aussi disciplinés que possible ; c'est affaire à nous, officiers, c'est surtout affaire aux capitaines ; sachons donc, en temps de paix, forger les armes qui doivent nous assurer la victoire.

La formation du bataillon en quatre compagnies se prête à toutes les opérations.

En bataille, le front est aussi étendu que par le passé, la colonne n'est pas plus profonde et se déploie plus rapidement. Combattant en première ligne, le bataillon déploie une compagnie en tirailleurs avec une compagnie en soutien et deux en réserve, soit pour observer les flancs, soit pour porter un coup décisif sur le front ; ou bien, selon que les prochains règlements sur la tactique de l'infanterie adoptent le fractionnement perpendiculaire de l'unité combattante, le bataillon, en première ligne, engagera le combat avec deux demi-compagnies en tirailleurs, les deux autres demi-compagnies en soutien, et deux compagnies en réserve.

Le bataillon combattant isolé, son fractionnement peut se faire dans les meilleures conditions de sécurité et de solidité.

Le bataillon marchant seul dans le voisinage de l'ennemi, une compagnie assurera le service d'avant-garde et une partie de celui des flanqueurs, deux compagnies constitueront le gros, et une compagnie d'arrière-garde se partagera avec l'avant-garde le service des flanqueurs.

Le fractionnement du régiment en six bataillons à quatre compagnies permettra de dédoubler le corps d'armée, d'encadrer solidement tous les Français âgés de 20 à 29 ans, de triompher de toutes les coalitions, de survivre à tous les désastres, sans avoir un emploi à créer pendant toute la durée de la guerre, et de faire l'instruction militaire de toutes les forces vives de la nation, sans que le budget de paix en soit écrasé.

L'introduction des manœuvres d'automne dans notre éducation militaire amènera la suppression des camps permanents ; l'officier, quel que soit son grade, passera deux mois chaque année à la véritable école de guerre ; les hommes de la réserve, successivement rappelés par classe, prendront part à ces manœuvres et conserveront ainsi l'habitude des armes et de la discipline ; enfin le dédoublement se pratiquera chaque année, et l'officier, dans des fonctions supérieures à son grade, apprendra à manier les fractions que l'avancement naturel ou les chances de la guerre mettront un jour sous ses ordres.

La comptabilité intérieure des corps de troupe sera réduite à sa plus simple expression ; la direction de l'administration sera confiée au commandant, l'exécution aux officiers d'administration, le contrôle à un corps spécial, et tous les officiers, aussi longtemps qu'ils seront valides, pourront se consacrer exclusivement au service actif.

Les cadres seront instruits et à la hauteur des exigences toujours croissantes du métier; l'avenir des sous-officiers qui ne pourront prétendre à l'épaulette sera assuré dans les emplois civils de l'Etat; le complément d'instruction spéciale de ceux qui aspirent à l'épaulette sera assuré dans les bataillons-écoles.

Le chef de corps, débarrassé du souci de remuer des montagnes de paperasses, laissant aux capitaines et aux chefs de bataillon une complète initiative pour l'instruction de leurs unités, pourra donner une sage impulsion à tous les services et s'occuper sérieusement de l'éducation scientifique et militaire de son corps d'officiers.

Les officiers seront plus instruits, tout en conservant ces qualités brillantes avec lesquelles, sur le champ de bataille, ils ont toujours su entraîner leur troupe au milieu du feu le plus meurtrier.

Les générations se succédant dans l'armée, y puiseront le sentiment du devoir et l'esprit de discipline; elles rapporteront dans la société le respect de la loi et de l'autorité, et, au bout de quelques années de travaux et d'efforts, la France sera encore une fois debout, retrempée et plus forte que jamais.

Enfin, l'organisation du régiment d'infanterie, d'après les idées que nous venons de développer, pourra s'accomplir sans heurter nos traditions, et sans jeter le moindre désarroi dans ce qui existe aujourd'hui.

En effet, depuis la création des 18 régiments nouveaux, le régiment d'infanterie compte 21 compagnies, sans parler de la compagnie hors rang. On peut donc le fractionner en 5 bataillons à 4 compagnies et laisser le sixième bataillon provisoirement amorcé avec la vingt et unième compagnie.

Plus tard, quand la loi du 27 juillet 1872 aura pu être modifiée dans le sens que nous avons indiqué, et que, d'autre part, l'avancement aura repris son assiette normale, on pourra compléter le sixième bataillon et nommer les chefs de bataillon manquants.

Ce jour-là, le budget de paix du ministère de la guerre aura à entretenir, comme avant la guerre, 24 compagnies, et, en plus, deux chefs de bataillon, deux adjudants-majors qui n'auront nullement besoin d'être capitaines, et trois officiers d'administration par régiment; mais la France possédera des cadres à toute épreuve et inépuisables. Quel est le législateur qui, dans ces conditions, refusera de voter ce surcroît de dépenses?

Paris. — Imprimerie J. DUMAINE, rue Christine, 8.

NOUVEAUTÉS

En vente à la librairie militaire de J. DUMAINE.

Campagne de 1870-1871. — Opérations de la IIIᵉ Armée, d'après les documents officiels de la IIIᵉ Armée; par W. von HAHNKE, major de l'état-major prussien. Traduit de l'allemand par MM. NIOX, capitaine d'état-major, et SAVARI, capitaine au 34ᵉ de ligne. — *Première partie.* Jusqu'à la bataille de Sedan. 1 volume in-8, avec deux croquis d'ensemble et une carte des champs de bataille de Reichshoffen et de Sedan. — 7 fr.

L'Artillerie de campagne prussienne, de 1864 à 1870. Son rôle dans les grandes batailles autour de Metz; par J. LEURS, capitaine d'artillerie. In-8, avec 2 grands plans . . . . 4 fr.

Les Opérations de l'artillerie allemande dans les batailles livrées aux environs de Metz, d'après les rapports officiels de l'artillerie allemande; par le major HOFFBAUER. Traduit de l'allemand par G. RODENHORST, lieutenant d'artillerie belge. — *Deuxième partie.* — In-8, avec cartes. 4 fr.

Méthode d'instruction des troupes; par C. PHILEBERT, colonel du 36ᵉ de ligne. Brochure in-8 . . . . 1 fr.

Réponse aux observations présentées par M. le commandant Du Puy de Podio, sur le *Manuel de l'Instructeur de tir,* par J. CAPDEVIELLE, lieutenant-colonel. Brochure in-8 . . . . 75 c.

Les Archives modernes du Dépôt de la guerre; par M. D. HUGUENIN. Brochure in-8 . . . . 1 fr.

Le Service militaire en France. Manuel à l'usage de tous les Français soumis à la loi du recrutement, etc.; par M. L. BEAUGÉ, capitaine au 3ᵉ de ligne. In-18 . . . . 1 fr. 65

Les Écoles militaires en France. Manuel à l'usage des aspirants aux Écoles militaires, etc., etc.; par M. L. BEAUGÉ, capitaine au 3ᵉ de ligne. In-18 . . . . 1 fr. 40

Cahier de modèles officiels annexés aux circulaires et ordonnances des 29 décembre 1831, 2 novembre 1833 (Infanterie et Cavalerie), 14 décembre 1849 (Artillerie), 23 décembre 1837 et 10 mai 1844. Extraits du *Journal militaire officiel,* édition refondue et mise à jour conformément à la décision ministérielle du 11 octobre 1871. 1 fort volume grand in-4°. Prix . . . . 20 fr.

Vient de paraître :

Catalogue de la Librairie militaire de J. DUMAINE (Juin 1874). — In-8 de XVI-176 pages . . . . 50 c.
Ce Catalogue sera fourni et expédié gratuitement à MM. les Officiers qui en feront la demande par lettre affranchie

---

Paris. — Imprimerie J. DUMAINE, rue Christine, 2.

www.ingramcontent.com/pod-product-compliance
Ingram Content Group UK Ltd.
Pitfield, Milton Keynes, MK11 3LW, UK
UKHW021626130726
13696UKWH00005B/2078